국제PEN한국본부
창립70주년기념 시인선
13

산이 없다면 지구 홀로 자전할 수 있었을까

김관호 시집

International PEN-Korea Center

국제 PEN 헌장

국제PEN은 국제PEN대회 결의에 따라 다음과 같이 헌장을 선포한다.

1. 문학은 각 민족과 국가 단위로 이루어지나, 그 자체는 국경을 초월하여 그 어떤 상황 변화 속에서도 국가 간의 상호 교류를 유지해야 한다.

2. 예술 작품은 인간의 보편성에 바탕을 두고 길이 전승되는 재산이므로 국가적 또는 정치적 권력으로부터 간섭을 받아서는 안 된다.

3. 국제PEN은 인류 공영을 위해 최대한의 영향력을 발휘해야 하며 종족, 계급 그리고 민족 간의 갈등을 타파하는 동시에 전 세계 인류가 평화롭게 살아갈 수 있다는 이상을 실현하기 위하여 최선을 다해야 한다.

4. 국제PEN은 한 국가 안에서나 또는 세계 여러 나라에서 사상의 교류가 상호 방해 받지 않는다는 원칙을 준수하며, PEN 회원들은 각자 국가나 지역사회에서 어떤 형태로든 표현의 자유를 억압하는 데 반대할 것을 선언한다. 또한, PEN은 출판 및 언론의 자유를 주창하며 평화시의 부당한 검열을 거부한다. 아울러 PEN은 정치와 경제의 올바른 질서를 지향하기 위해 정부, 행정기관, 제도권에 대한 자유로운 비판이 필수적이고 긴요하다는 사실을 확신한다. 이와 함께 PEN 회원들은 출판 및 언론 자유의 오용을 배격하며, 특정 정치 세력이나 개인의 부당한 목적을 위해 사실을 왜곡하는 언론 자유의 해악을 경계한다.

    이러한 목적에 동의하는 모든 자격 있는 작가들, 편집자들, 번역가들은 그들의 국적, 언어, 종족, 피부 색깔 또는 종교에 관계없이 어느 누구라도 PEN 회원이 될 수 있다.

(사) 국제 PEN 한국본부 연혁

국제PEN본부는 1921년에 창립되어 2023년 3월 현재 145개국 154개 센터가 회원으로 가입돼 있는 세계적인 문학단체이다. 국제PEN본부는 영국 런던에 본부를 두고 있으며 특히 UN 인권위원회와 유네스코 자문기구로 현재 전 세계 문인, 번역가, 편집인, 언론인들의 표현의 자유를 옹호하고 인권 문제를 다루고 있는 단체이다.

한국PEN은 1954년 9월 15일 변영로·주요섭·모윤숙·이헌구·김광섭·이무영·백철 선생 등이 발기하여 같은 해 10월 23일 당시 서울 소공동 소재 서울대학교 치과대학 강당에서 창립총회를 열고 국제펜클럽한국본부로 공식 출범하였다. 국제펜클럽한국본부는 그 이듬해인 1955년 6월 비엔나에서 열린 제27차 세계대회에서 정식회원국으로 가입하고 그해 7월에 인준을 받아 오늘에 이르렀으며 2022년 3월 현재 회원 수는 4,000여 명이다.

(사)국제PEN한국본부(International PEN Korea Center)는 역사와 권위를 자랑하는 국제적 문학단체로서 회원들의 양심과 소신에 따른 저항권과 표현의 자유를 옹호하고 구속 작가들의 인권문제를 다루며 한국의 우수 문학작품을 번역,

세계 각국에 널리 알리고 우리 민족의 고유문화와 전통문화 등을 해외에 소개하는 한편 세계 각국과 문화 교류 및 친선을 도모하는 데 주도적 역할을 담당하고 있다.

1954. 10. 23.	국제펜클럽한국본부 창립
1955.	제27차 국제PEN비엔나대회에서 회원국 가입
	『The Korean PEN』영문판 및 불어판 창간
1958.	국내 최초 번역문학상 제정
1964.	PEN 아시아 작가기금 지급(1970년 제6차까지)
1970.	제37차 국제PEN서울대회 개최(60개국 참가)
1975.	『PEN뉴스』창간. 이후 『PEN문학』으로 제호 변경
1978.	한국PEN문학상 제정
1988.	제52차 국제PEN서울대회 개최
1994.	제1회 국제문학심포지엄 개최
1996.	영문계간지 『KOREAN LITERATURE TODAY』창간
2001.	전국 각 시도 및 미주 등에 지역위원회 설치
2012. 9.	제78차 국제PEN경주대회 개최
2015. 9.	제1회 세계한글작가대회 개최
2016. 9.	제2회 세계한글작가대회 개최
2017. 9.	제3회 세계한글작가대회 개최
2018. 11. 6~9.	제4회 세계한글작가대회 개최
2018. 8. 22.	정관개정에 의해 국제PEN한국본부로 개명
2019. 2.	PEN번역원 창립
2019. 11. 12~15.	제5회 세계한글작가대회 개최
2020. 10. 20~22.	제6회 세계한글작가대회 개최
2021. 11. 2.~4.	제7회 세계한글작가대회 개최
2022. 11. 1.~4.	제8회 세계한글작가대회 개최

국제 PEN 한국본부 창립 70주년
기념 선집을 발간하며

　국제PEN한국본부는 1954년에 창립되고 이듬해인 1955년 6월 오스트리아의 빈에서 열린 제27차 국제PEN세계대회에서 회원국으로 가입되었다. 초대 이사장은 변영로 선생이 맡고 창립을 주선했던 모윤숙 시인이 부이사장을 맡았다. 이하윤, 김광섭, 피천득, 이한구 등과 함께 창립의 중심 역할을 했던 주요섭이 사무국장을 맡았다.

　6·25한국전쟁이 휴전된 지 겨우 1년이 되는 시점에 이루어 낸 국제PEN한국본부의 창립은 매우 깊은 의미를 담는 거사였다. 그동안 국제PEN한국본부는 세 차례의 국제PEN대회와 8회의 세계한글작가대회를 개최하며 수많은 국내외 행사를 주최해 왔다. 이에 내년 2024년에는 창립 70주년을 맞이하게 되어 그 기념사업의 일환으로 PEN 회원들의 작품 선집을 발간하기로 하였다.

　여러 가지 기념사업을 진행하지만 회원들의 주옥같은 작품집을 선집으로 집대성하여 남기는 일은 가장 중요하고 의미 있는 일이라 생각한다.

    시와 산문으로 구성되는 선집은 우리 한국문학사의 중요한 족적을 남기는 귀중한 역사 자료로서의 가치를 갖게 되리라고 믿으며 겸허한 마음으로 70주년을 자축하는 주요 사업으로 진행하게 된다.

    참여해 주신 회원들께 감사하며 어려운 여건 속에서도 기꺼이 출판을 맡아 준 기획출판 오름의 김태웅 대표와 도서출판 교음사의 강병욱 대표에게 심심한 감사를 드린다.

2023년 8월

국제PEN한국본부 이사장 김용재

序文

국제PEN한국본부 창립 70주년을 진심으로 축하합니다.

제5시집 '산이 없다면 지구 홀로 자전할 수 있었을까'
친구의 권유로 60 가까운 나이에 처음 산행을 시작하면서
10년간 단 한주도 거르지 않은 매주 연속산행의 결과이며
520여 개 산을 올랐고 870여 회를 산행했다.

발목을 접질렸을 때도 허리를 삐끗했을 때도
된더위 폭설 태풍 외 코로나 19라는 복병도 만났지만
마스크를 착용하며 이어간 산행은 의지의 산물이 되었다.
돌이켜 무모함도 있었겠지만 뿌듯함이 더 크게 남는다.

초반에는 환갑에 인수봉 등정 등 친구와 암벽등반을
그러는 사이사이에 손자와 휴식 겸 행복한 산행을
후반 대부분 산행동반자와 장거리 산행을 했다.

무언가에 푹 빠져 사는 삶은 그 자체로 최고가 아닐까?
감사한 마음으로 안전을 지키며 연속성을 즐기고 싶다.

산은 삶이 함축되어 녹아있는 작은 우주이자
건강이 왜 중요한지 암시적으로 알려주는 곳이다.

2023. 성하에 김관호

차례

국제PEN헌장 / (사)국제PEN한국본부 연혁

국제PEN한국본부 창립 70주년 기념 선집 발간사

....

008 _ 序文

1부 _ 산이 없다면 지구 홀로 자전할 수 있었을까

019 _ 산이 나를 완성해 주기를 …
020 _ 이웃에 마실 다녀오듯
021 _ 산길에 들면
022 _ 산이 없다면 지구 홀로 자전할 수 있었을까
023 _ 정상에 가닿는 길은
024 _ 나뭇잎은 흥겨워지면 바람을 지었다
026 _ 숲에 들면 모두 똑같아
027 _ 산, 구름 땅 위에서
028 _ 용기 하나면 이겨낼 수 있어
029 _ 겨울산 민낯
030 _ 예고하고 찾아들게요

2부 _ 대한민국은 보석함

033 _ 오 뫼山 좋아
034 _ 섬, 아직 크는 바다산이다
035 _ 이런 체육관 어디 없습니다
036 _ 내 머릿속 무지갯빛 금수강산
038 _ 가슴에 스며드는 빛이 어디 있으랴
040 _ 대한민국은 보석함
041 _ 햇살 쏟는 하늘 덕에
042 _ 낙하산 정상표지석
043 _ 뭔가 알 수 있을 것 같아
044 _ 아 네 선배님
045 _ 내가 아는 그녀는
046 _ 아주 조금은
047 _ 어린 매미야
048 _ 반갑다 개 짖는 소리

3부 _ 내게 가장 행복한 산행

051 _ 내게 가장 행복한 산행
052 _ 점점 익숙해져 간다
053 _ 씩씩이와 걱정이
054 _ 마음줄
056 _ 스무 번은 대체 언제
058 _ 참된 어른다움
059 _ 걱정에 비하면 기대가 더 커…
060 _ 태형이 산행일기
062 _ 숲처럼 산처럼
063 _ 내 엄니 이제는 대접받을 줄 아시네
064 _ 퇴근하는 아버지처럼 오시는 것으로
....

065 _ 화보 | 손자 태형이와의 산행 (2016.02.07.~2022.08.04.)

4부 _ 가벼워진 배낭 그 진실

075 _ 메뉴판이 환장하겠네
076 _ 나이야 오라
077 _ 그러니까 그게
078 _ 그렇게 전망대에 저 혼자서
079 _ 그렇게 시작되었다
080 _ 내 이름이 세 개
081 _ 된더위 산행에 감로수
082 _ 단골쯤 되면 어떻게 음 이렇게
083 _ 가벼워진 배낭 그 진실
084 _ 커피믹스 김밥 한 줄에 산으로 가자
085 _ 가자미 물회
086 _ 하산주 한 잔에 가락을 타며
087 _ 오늘만 같다면…
088 _ 하늘아 바람아
090 _ 선글라스

5부 _ 꽃향기는 잠시 잊어도 좋다

093 _ 봄, 그리하여 희망이다
094 _ 봄눈 새순
095 _ 봄 오는 들녘
096 _ 진달래
097 _ 꽃길
098 _ 글쎄 그것이
099 _ 꽃향기는 잠시 잊어도 좋다
100 _ 호박꽃
101 _ 밤송이
102 _ 낙엽 그림자
103 _ 가을 앓이
104 _ 이 가을엔
105 _ 비에 젖은 낙엽

6부 _ 산신령 거 좋다

109 _ 단, 몇 미터 직진도 없다

110 _ 또 하나의 산행

111 _ 또 다른 노숙자

114 _ 어쩔 수 없는 그들

115 _ 그러하니 그러겠더라

116 _ 산 위에 올라

117 _ 낙석落石

118 _ 산, 감사할 뿐

119 _ 뛰어봐야 벼룩이지

120 _ 천둥소리

121 _ 폭우 속 산행

122 _ 산신령 거 좋다

123 _ 비에 젖는 수락산

124 _ 다시 태어난 고목

125 _ 차창에 부서지는 빗방울

7부 _ 산이 손짓하는데…

129 _ 산과 산이 이어져 웃는다
130 _ 북한산 인수봉에서 경치를 보다
132 _ 지리산 무동을 타다
134 _ 여행 산행 맛 기행
135 _ 산이 주는 그것 하나면…
136 _ 산이 손짓하는데…
137 _ 산이 언제 그대를 속이던가
138 _ 손을 잡는 건 마음을 잇는다는 것
139 _ 산이 괜히 솟았겠는가
140 _ 계절은 바느질 자국처럼 맞물리며 온다
142 _ 훗날 훗날 아주 먼 훗날에

1부
산이 없다면 지구 홀로
자전할 수 있었을까

반듯이 자전하여 낮과 밤을 열고
비스듬히 공전하며 사계절을 지어
저 먼바다 파도 소리 이어지는데

산이 나를 완성해 주기를…

내가 산에 들어가
산이 완성될 리 만무하지만

산이 내 가슴에 남아
내가 좀 더 컸으면 좋겠다

내가 산에 안겨서
산이 기뻐할진 모르겠지만

산이 나를 품어주어
내가 좀 더 행복하면 좋겠다

한걸음 또 한걸음 산을 찾는 마음이
세상으로 통하는 큰 대문이면 좋겠다

그리하여, 그 대문을 열고 나왔을 때
내 가슴엔 자신감으로 흘러넘쳐서
누구에게나 도전정신을 나누며

산이 나를 완성해 주었다고
그렇게 말할 수 있으면 좋겠다

이웃에 마실 다녀오듯

오솔길 개울 건너
자연에 더 깊숙이 들어가면

무심한 듯 반기는
대문 없는 마당이 펼쳐있다

천년만년 그대로
왕성한 젊음 간직한 산줄기

나날이 여전한지
궁금한 마음에 산을 찾았다

안부라도 전할 겸
잠시 이웃에 마실 다녀오듯

산길에 들면

바위며 나무들은 우리들의
얘기를 귀 기울이면서 함께 걷고

낮게 내려와 누운 먹구름은
눈비에 제 몸 녹여 뿌리 적시고

어느새 따라붙은 솔바람은
씨방을 톡톡 다독여 숲을 키우고

요기조기* 분주한 산새들은
무엇도 관심 없는 듯 재재거려도

계곡물소리 딴전 피지 않고
정직하게 흐르는 게 참 좋습니다

* 요기조기 : 여러 장소를 통틀어 이르는 말

산이 없다면 지구 홀로
자전할 수 있었을까
― 더 많은 사람이 산을 아끼고 사랑해주었으면

지구는 자전해야만 사는 역동적인 굴렁쇠다
인공암벽 홀드처럼 불규칙한 겉모양새이지만
삐쭉삐쭉한 산맥들이 만들어낸 톱니바퀴다

자전과 공전에 뜻을 더한 산악인들이
지구 곳곳의 산에서 땀을 흘리고 있다
지구에 생명력을 불어넣으려 모였다

반듯이 자전하여 낮과 밤을 열고
비스듬히 공전하며 사계절을 지어
저 먼바다 파도 소리 이어지는데

홀로 자전할 수 없는 지구였더라면
닭이 홰치는 소리 들을 수 있었겠는가
비바람 눈보라가 뭔지는 알았겠는가

톱니바퀴를 돌리는 산악인들의 발걸음에서
사계절 내내 꿈을 찾는 문명인들의 환호성과
자연을 보호하자는 자성의 목소리 중첩된다

정상에 가닿는 길은

치열한 삶 속에서
적잖은 좌절을 겪어보고 나서
성공에 이를 수 있듯

멀리 두고 얕보던 산줄기도
속에 들면 힘겨움이란 걸

바투* 있어 흘려보낸 인연도
멀리 두면 그리움이란 걸

올려다본 절벽은 가슴 가득
한 폭 그림이지만

내려다본 벼랑은 오금 저린
아찔한 두려움이듯

된비알 능선길 계곡 너덜겅
모두 밟아야 정상에 가닿는다

* 바투 : 가까이

나뭇잎은 흥겨워지면 바람을 지었다

바람이 불어 나뭇잎이 흔들리는 것이 아니다
나뭇잎이 흥겨워할 때마다 바람이 일었다
내가 산에서 똑똑히 보았다

나뭇잎이 흥겨워질 때마다
잎사귀가 간드러지게 흔들렸으며
난 유쾌함을 느꼈다

한쪽 폐부에서 답답함이 빠져나갈 때
한쪽 폐부로 상쾌함이 들어왔다
난 그것을 기억한다

나무를 선두로 온 산이 무더기로 웃어젖히면
그 숲엔 흥겨움이 한꺼번에 일어났다
강력한 진동을 느꼈다

떼창하고 다 같이 만족스러운 웃음 지을 때
잔잔하던 실내공기가 크게 회전하듯
그러한 느낌이다

바람이 불어 나뭇잎이 흔들리는 것이 아니다
바람은 나뭇잎이 훙겨워질 때마다 일었다
내가 산에서 확실히 느꼈다

숲에 들면 모두 똑같아

저만치 보이는 산이

우뚝하고 나직하고
광대하고 자그맣고
웅장하고 밋밋하고
다 달라 보이겠지만

먼저 아무 숲에 들어
넓은 품에 선뜻 안겨봐

햇살 가둔 숲속이 그렇고
바람 지어낸 숲속이 그렇고

나를 감싸주는 포근함이 같아서
나를 키워주는 단단함도 똑같아

산, 구름 땅 위에서

오롯이 내 발품을 팔아
시원한 바람 숲 안에서

바로 내려다볼 수 있어서
더 없이 참 좋다

지긋이 내 마음을 담아
생각의 구름 땅 위에서

멀리 바라다볼 수 있어서
원 없이 참 좋다

생각이 생각을 생각하는
산, 시시각각 변화가 좋다

용기 하나면 이겨낼 수 있어

허락 없이 피기까지 계절의 변덕을 몰랐을까
이리저리 피기까지 구름의 심술을 몰랐을까
바위틈 벼랑 끝에서도 예쁘게 피었구나

달빛의 힘이 거기 닿을 때까지
햇살의 미소가 찾아줄 때까지
참 많은 용기가 필요했다

한 줌 흙만 있으면
벼랑 끝이라도 매달려야했다
바위틈이라도 붙잡아야했다

더 나은 내일이 있을 거야
작은 풀꽃의 하늘 향한 모가지가 길어져
바라보는 내 갈증이 더 심해졌다

겨울산 민낯

누군가에게 민낯을 보여준다는 건
마음을 열지 않고는 힘든 일입니다

오늘은 당신의 민낯을 보았습니다
당신의 진실한 미소를 보았습니다

거친 호흡 소리마저 가깝게 느껴져
훨씬 더 깊은 정으로 다가왔습니다

이제 당신께서 소박하게 꾸미시든
한발 더 나아가 화려하게 꾸미시든

당신을 향한 내 마음은 영원할 겁니다
이제 끝까지 사랑하는 일만 남았습니다

예고하고 찾아들게요

그 숲에 찾아들려는데
부러 놀라게 할 마음 없다는 걸
어떻게 해야 알게 될까요

나도 누군가 예고 없이 찾으면
불쾌했던 기억이 있는 만큼

몸에 스치는 가느다란 입김도
동식물엔 두려울 것이니

예고하고 찾아들게요
아주 작은 방해도 하지 않을게요
이내 가만가만 돌아올게요

2부

대한민국은 보석함

하얀색이었다가 파란색이었다가
울긋불긋 자연색을 띠는 원석들
원석은 다듬어야 보석이라지만
산은 그대로일 때 빛깔이 짙다

오 뫼山 좋아

난 오늘 오를 산 들머리에 서서
웅장한 산정을 올려다보며
이렇게 외쳐 본다

오 뫼山 좋다
오 뫼山 좋아

춘하추동 그 언제 건
날씨야 뭐 어쨌건

또 누가 산행하자 부르면
오메 좋지 오메 좋아

발걸음 모여 바윗돌 기울까마는
땀방울 고여 계곡물 넘칠까마는
산 하나 가뿐하게 치잔다
산 하나 어렵잖게 넘잔다

오 뫼山 싱그러워라
오 뫼山 눈부시어라

섬, 아직 크는 바다산이다

뭍에는 울울창창한 산맥들
바다에는 고만고만한 섬들

해발 몇 미터인가 다를 뿐
바다냐 뭍이냐 차이일 뿐

마주하던 세월 그 언젠데
주고받은 사연 또 얼만데

바다 산은 뭍 산을 보며
형님아 할까 아우야 할까

파도 아래 팔 뻗고 있을지
물속에 까치발 들고 있을지

파도가 뭍바람에 떠밀려가서
바닷바람에 이내 돌아오는 건
섬들을 산으로 엇바꾸는 중

이런 체육관 어디 없습니다

공기청정기 수천 대쯤 틀어놓은 듯한 말간 숲길
늘 똑같은 자세와 보폭과 호흡을 하는 일반 체육관과 달리
갈 때마다 느낌과 분위기와 기대치가 바뀌는 천연 시설
운동법을 지도받아야만 하는 실내체육시설과 다르게
스스로 꾸준히만 하면 크는 항상 열려있는 공간
새소리 물소리 바람 소리 꽃향기 넘쳐나고
천만 년을 이어 왔음에도 변하지 않을

자신감 쑥쑥 불어나지
말간 공기는 알랑알랑*하지
휴게시설 운동방법 무진장하지
이런 분위기 어디서 볼 수 있을까

몸뚱어리는 백 년을 살겠지만
마음은 천년쯤 더 살 것 같은

이런 체육관 어디 또 있습니까
이런 체육관 어디 더 없습니다

* 알랑알랑 : 남에게 좋게 보이려고 자꾸 비위를 맞추거나 아양을 떠는 모양을
  나타내는 말

내 머릿속 무지갯빛 금수강산

틈만 나면 산행을 떠나는 나
험준한 산맥을 넘는 철탑 고압선
높고도 긴 인연이겠지

몇 해 전 한국전력 상담원과의 제안통화에서
철탑 위 전선으로 산이 황폐화하는 것 같다
온통 새까만 것들이 보기 좋지만은 않다

요즘 전선은 다양한 색깔로 만들어지던데
산 위에 무지개가 뜨면 좋지 않겠냐고

당장은 어렵더라도
점차 무지개색 전선으로 바꾸면 어떻겠냐고

정말 감사하단다
이런 제안은 처음 받지만 멋진 생각이란다

88서울올림픽 국민제안에서
우리나라의 좁은 도로여건에서는
차선 하나 더 늘어나는 효과가 있겠다 싶어
좌회전할 수가 있는 주머니차선을 제안했던 일

지금이야 전국 어느 도로에나
왼쪽으로 휘어진 중앙선 차선이 그려졌지만
처음 종로5가에 중앙차선이 그어졌을 때 기분이란…
그랬던 기억이 있어 한전에도 전화했을 터

내 전화 한 통화로
내 반짝이는 아이디어 하나로
온통 무지갯빛으로 넘쳐나는 금수강산이면 어떠리…

가슴에 스며드는 빛이 어디 있으랴

개나리 꽃길의 정겨운 빛
진달래 동산의 살가운 빛
장미 넝쿨의 화려한 빛
들꽃들의 해맑은 빛
풀꽃들의 풋풋한 빛
아카시아 유혹의 빛
코스모스 애절한 빛
달맞이꽃 경건한 빛
국화꽃 향긋한 빛
동백꽃 황홀한 빛
나팔꽃 깜찍한 빛
유채꽃 잔잔한 빛
무궁화 영원한 빛

흔들리며 피워낸 빛이 어디 또 있으랴
흩날리며 키워낸 빛이 어디 또 있으랴

차가운 한밤에도
파릇파릇* 일구는 빛이 어디 있으랴

따가운 한낮에도
울긋불긋* 내리는 빛이 어디 있으랴

함께 바라봄 직한 꽃동산에서
진동하는 향기에 흠뻑 취해보았으리라

꽃처럼 아름다운 빛이 어디 또 있으랴
향기로 진동하는 빛이 어디 또 있으랴

줄기찬 비바람에도
또랑또랑* 지어낸 빛이 어디 있으랴

매몰찬 눈보라에도
종알종알* 빚어낸 빛이 어디 있으랴

다시 온천지에 계절 바뀌면
꽃무리가 줄지어 핀다는 걸 기억한다

심금에 흐드러진 빛이 어디 또 있으랴
광야에 만연하는 빛이 어디 또 있으랴

* 파릇파릇 : 군데군데 새뜻하게 파란 모양
* 울긋불긋 : 여러 가지 빛깔이 함께 섞여있는 모양
* 또랑또랑 : 조금도 흐린 점이 없이 맑고 깨끗한 모양
* 종알종알 : 어린아이가 자꾸 재깔이는 모양

대한민국은 보석함

어느 사람이나
가슴속에 보석함 하나쯤은 품고 있지

대한민국 국토의 70%는 산악지역
70% 산 전체가 오색찬란한 보석

하얀색이었다가 파란색이었다가
울긋불긋 자연색을 띠는 원석들

원석은 다듬어야 보석이라지만
산은 그대로일 때 빛깔이 짙다

보석 감정하듯 산을 탐구할 때
빤짝거리는 땀방울도 값진 보물

4400여 개 산과 산악인을 품은
대한민국 땅덩이는 초대형 보석함

햇살 쏟는 하늘 덕에

봄날엔 글 꼴을 만들더니
여름엔 체계적인 문법을
가을엔 완성된 문장을
겨울엔 교훈 한가지
숙제로 남겨둔 채
훌쩍 떠나갔다

가만 돌이켜보면
열매는 햇살을 고스란히 받지 않고
본능적으로 뿌리에 나누었더라

봄날 한줄기 빗물조차
무심한 듯 뿌리에 나누었을 것이다

바람의 음률은 뿌리에 그대로 해묵은 가르침으로
기억될 것이다

다음에 맺힐 열매는
뿌리를 통해서 피를 나누는 뜨거움으로
더욱 풍성한 결과로 거듭날 것이다

낙하산 정상표지석

겨우 지친 몸으로 산정에 오르니
노력의 흔적 없이 떡하니 앉은 표지석
내려갈 생각 없어 보이는 정상석이 있다

해보려고 해내려고 몸부림쳐도
회전의자 꿈도 못 꾸는 사람들 넘치건만
거저 낙하산 줄에 내려앉았을 표지석

그런 정상석이 마치
힘겹게 올라왔다는 모호한 표정으로
우뚝한 곳에 자리를 잡고 있다

하나 산꼭대기 정상석은 괜찮아
거드름 피우지 않고 늘 의연하잖아
태없이 늘 고준하잖아

산꼭대기에 회전의자는 없더라
아첨꾼 자체가 아예 없더라
푸른 공기만 넘쳐나더라

뭔가 알 수 있을 것 같아

이왕지사 계절 앞에 이렇게 된 이상
기왕지사 뒤집을 수 없게 된 이상

봄날을 조금이라도 얼른 만나볼 수 있을까 싶어
시간을 조금이나마 빨리 재촉할 수 있을까 싶어

우선 마음만은 가볍게 하려는 간절함이
저 앙상한 가지에서
우선 몸이라도 뜨겁게 하려는 절절함이
저 앙칼진 몸매에서

하나 남은 잎새마저 홀연히 털어내는 것은
하나 남은 기억마저 처연히 덜어내는 것은

내가 너에게 더 빨리 달려가려 옷소매를 걷어붙이듯
내가 너를 더욱 빨리 만나보려 바짓단을 접어 올리듯

그런 거라면 난 뭔지 알 수 있을 것 같아
그런 게 아니었다면 이유가 없을 것 같아

아 네 선배님

수락산 심설산행 후
당고개역 근처 닭갈비집

몇 순배 돈 술기운에
볼일을 좀 보려는데

산객들로 꽉 찬 그 집
복잡한 게 당연한 그 집

"미안합니다 지나갈게요"
"아 네 선배님"

의자까지 움직여주니
벅차게 기분 좋다

스무 살 넘게 차이 날
산악인 티가 나는 젊은이

단 한 번 본적 없어도
또 언제 볼일 없어도

산악인의 착한 말본새
"아 네 선배님"

내가 아는 그녀는

자나 깨나 산이 정말 좋다는 그녀
산이 없었다면 뭘 했을까 싶다는 그녀

언제나 제 자리를 지켜내는 산처럼
연속산행만은 고집하는 그녀

언제나 제 색채를 간직하는 숲처럼
강직한 집념을 보이는 그녀

뙤약볕 비바람 눈보라 마다치 않고
끝끝내 정상을 밟아서고 마는 그녀

최고의 화려함으로 계절을 맞이하는 산처럼
산행하는 날이면 생기 넘치는 그녀

최상의 선명함으로 하루를 열어주는 숲처럼
순간순간을 향기처럼 살아가는 그녀

내가 아는 그녀는 어쩌면 산을 닮았다
내가 아는 그녀는 그대로 숲을 닮았다

아주 조금은

산길에서 만난
새끼 도마뱀

몇 걸음 내달리다
휙 돌아본다

지가 더 많이 놀란 듯
쳐든 턱이 볼록거린다

아주 조금은
누군지 궁금했겠지

어린 매미야

한 줌 햇살 받아 삼키고
가녀린 잎사귀에 얼굴을 파묻은 채
무에 그리 답답할까

끝내 파 한번 불러보지 못하고
몇 날 며칠 미미미만을 외쳐대고는
가냘픈 날개만 파르르 떤다

그렇게 마른 날개를 떨듯
파를 부르면 된단다 하지만 어떠냐

작년 매정하게 뜨겁던 여름
네 어미도 미미미만 하다 떠났는걸

나중에 파에다 솔까지 하면 되겠지

나의 오랜 버릇을 꾸짖듯
너의 어두운 땅속의 깊숙한 한을
음으로 풀어내는 행위는 참 멋지니까

반갑다 개 짖는 소리

어쩌다 어쩌다 방향을 잃고
어둑해진 깊은 산길에

사람 만남이 어색한 듯
어긋난 개 짖는 소리

양재기와 플라스틱을 섞어놓은 듯한
날카롭지도 무디지도 않은

흐릿한 불빛 민가 한 채
개 짖는 소리

까만 하늘 별빛이 조화롭게 놓여
어둠 속에 빛을 이어주는 듯

외진 산길 희망의 빛
개 짖는 소리

3부
내게 가장 행복한 산행

/화보/ 손자 태형이와의 산행

전화벨이 울리면
그래 태형이구나 잘 있었어
네 잘 있었어요
그런데요 할아버지 산에 좀 데리고 가요

내게 가장 행복한 산행
― 2016.02.07. 29개월 된 손자 태형이와의 첫 산행에서

어제 혼자 간 심심한 산길
멀리서조차 산을 본 적 없었을
손자와 함께 오른다

나의 손자 태형이
두 돌 오 개월 된 산악인

할아버지 발걸음을
그대로 흉내 내려 애를 쓴다

'올라갑시다' 하면 '올라갑시다'
'바위 탑시다' 하니 '바위 탑시다'
두려움도 없이 복창하며

할아버지 심호흡을
그대로 따라 한다

어제 혼자 한 적적한 산행
불암산 정상석을 처음 만져보았을
손자와 함께 올랐다

점점 익숙해져 간다

29개월에 쉽지 않을 첫 산행
할아버지 방귀 소리 처음 들은 손자는
애매한 미소만 지었다

2년 차 다섯 살 때 산행하는 길
할아버지 방귀 소리에 장난기 한가득히
할아버지 힘들어요? 깔깔거리고

잦은 산행에 마음 편해졌는지
저도 처음 방귀를 뀌어놓고는

할아버지 방귀는 똥 방귀
태형이 방귀는 꽃 방귀

하하하
그럼 그렇지 아무렴 어떻나…

씩씩이와 걱정이

5살 증손자와
88세 증조할머니의 솔직담백한 대화

우리 태형이
오늘도 할아버지하고 산에 갔다 왔구나
그래 힘들지 않았어?

네 하나도 안 힘들었어요

씩씩이가 서넛쯤 들어앉은 대답이다

태형아
다음에 산에 갈 때는 나도 같이 가자
왕할머니도 가고 싶어

안 돼요 할머니는 위험해요

걱정이가 예닐곱쯤 들어찬 대답이다

저 속이 어떻게 생겼을까
대단한 내 손자…

마음줄

여섯 살 된 손자와 산행을 한다
네 살 때 처음 산을 탔으니
삼 년 차 베테랑이다

지금까지는 손을 꼭 잡고 다녔다
손을 놓으면 큰일 나는 줄 알았다

삼 년 되니 산길에 익숙해진 걸까
이제는 스스로 손을 빼 숲을 보고
자리 잡고 앉아 간식 타령도 한다

시시각각 변화가 많은 산길에선
서로의 손과 손을 잡아줄 때와
마음줄 꼭 잡아야 할 때가 있다

숲길 찬찬히 둘러볼 수 있도록
마음줄을 꼭 잡아 줄 때가 있고

위험성에서 더욱 안전할 수 있도록
손과 손을 꼭 잡아야 할 때가 있다

하나라도 더 보고 알아야겠지만
한순간이라도 더 안전해야만 한다
내 강아지 손자가 질리지 않게끔

스무 번은 대체 언제

손자가 여섯 살이던 해 16번째 산행
광명 구름산 가학산을 종주하는 날

구름산에서 가학산을 이어 가려는데
눈치 구단이 가만있을 일이겠는가

산을 또 간다고요 나 안 갈래요
혼자라도 내려가겠다며 생떼를 쓴다

할아버지가 스무 번 안아 줄 테니
우리 조금만 참고 산 하나만 더 가자

망설임도 없이 알았어요 그럼 가요
그 대신에 스무 번은 꼭 안아줘야 해요

지금부터 스무 걸음 세고 걸어가는 거야
네, 하나둘 셋 넷 다섯 여섯 일곱 여덟아홉 열
조금 전까지도 그리 힘들다던 손자가 맞는지

열하나 열둘 열셋 열넷 열다섯 열여섯
열일곱 이제 거의 다 됐다는 생각에

열여덟에 이어 열아홉 했는데
손자 녀석 열여섯 하고 만다

그러고는 열일곱 열여덟
다시 열여섯 열일곱 열여덟

또 열여섯 하면서 까르륵 까르르
할아버지 품에 태형이 몸이 춤춘다

해맑은 표정에서 뭔가 결심한 듯
열여덟 열아홉 스물 할테지

열여덟 열아홉 다시 열여덟
까르륵 까르르 까르륵 까르르

무슨 생각인지 입을 오물거린다
열~아~홉 스물 됐어요 내려주세요
빨리빨리 오세요 한달음에 저만치 간다

그래 가자 힘차게 가자
스무 번은 스무 번일 뿐
손자 사랑인데 좀 더 안아 줄걸…

참된 어른다움

일곱 살 손자하고
안산 너구리산에 간다

일기예보를 들은 터라 비나 눈은
언제라도 피할 대비를 하고 있었지만

예상을 뛰어넘는 눈태풍이 몰아닥쳤다
인정사정 볼 것 없이 내리꽂는 눈덩이들이
금세 온 숲을 하얗게 만들었다

어릴 때 친구들과 동네 담벼락에 찰흙을 던져
회색 벽을 누렇게 만들었던 일이 떠올랐다

일행들 누가 먼저랄 것 없이 손자를 막아섰다
눈태풍에서 빈틈없이 견고한 벽을 둘러쳤다

두려움 없이 깔깔대는 손자를 바라보며
이런 마음들이 참 어른이다 싶었다

눈 세상을 만끽하고 있는 손자를 보면
이런 행동이 참된 어른다움은 아닐까

걱정에 비하면 기대가 더 커…

산행에서 얻은 건강함이
자양분 되었을까

패션모델
음악 활동
광고 촬영
드라마촬영
단편 영화촬영 등으로
할아버지와 산행 일정 맞추는 게 어려워졌다

더구나
코로나 19와 학교생활로 산행이 뜸 해지더니
풀린 근육으로 힘들어하는 태형이를 보며
안타까운 마음을 걱정으로 달래는데

그래도
할아버지보다 더 바쁘게
할아버지보다 더 알뜰살뜰하게
시간을 나눠 쓰며 생활하는 태형이가
아주 많이 대견하고 사랑스럽고 정말 멋있어
걱정에 비하면 기대가 엄청 더 커…

태형이 산행일기

생후 29개월에 불암산 정상산행을 시작으로

수리산 호암산 용마산 청계산 관악산 백봉산
삼성산 모락산 북악산 인왕산 구름산 가학산
광교산 백운산 망우산 아차산 문수산 비봉산
삼봉산 파평산 별립산 박달산 길상산 봉화산
명학산 고봉산 심학산 가현산 월롱산 봉서산
수안산 승마산 보현산 배봉산 너구리산

자운봉 오름이 까다로워
도봉산은 마당바위까지 등반
북한산은 비봉, 사모바위만 등반
몇몇 산들은 2회 또는 4~5회 등반
못내 아쉬운 도봉산 북한산 그 외 산은
모두 정상을 밟은 태형이는 찐 산악인이다

전화벨이 울리면
그래 태형이구나 잘 있었어
네 잘 있었어요
그런데요 할아버지 산에 좀 데리고 가요

그렇게 졸라 대기 일쑤였고
그렇게 산에 오르기를 좋아했지

돌이켜보니 숱하게 많은 산을 올랐구나
할아버지와 추억을 산처럼 쌓아두었구나

숲처럼 산처럼

아이야 오늘 2022.12.01.
달력을 한 장 남겨두고
숲에 겨울이 왔구나

아이야
우리는 산을 좋아해서
산에 자주 갔지

아이야
숲의 질서와 정직함
산의 강인함을 배웠지

아이야
우리 숲처럼만 자라나자
산처럼만 커나가자

내 엄니 이제는 대접받을 줄 아시네

제발 오래 사셔
제발 많이 드셔

예전에는 생선 꼬리에 입꼬리 올라가고
요즘에는 생선 몸통에 입술이 씰룩이네

참지 못하시던 것도 참으시고
끝내 참으시던 것도 역정이고

구십 훌쩍 넘겨온 세월
조금 변한들 누가 뭐라나

교통사고도 보란 듯이 이겨내고
코로나19도 어렵잖게 비켜냈으니

백 살 넘을 고갯길 그 누가 막아설까
제가 그들에게 신경 쓰지 마셔할게요

걱정일랑 뒤안길에 묻어요
마음만은 신작로에 놔둬요

구십 넘으니 대접받을 줄 아시네
구십 넘어서야 대접해 달라 하시네

퇴근하는 아버지처럼 오시는 것으로

몇 번의 찬 겨울을 맞이해야만

봄은 우선 따뜻해야 하고
여름은 일단 더워야 하고
가을은 마냥 시원해야 하고
겨울은 좀 더 추워야 하는지를 알까

수없이 많은 겨울을 보낸 그대여

계절은 급행열차도 완행열차도
손사래 치면서 오는 것으로

계절은 커피숍도 선술집마저도
못 본 체하면서 오는 것으로

퇴근하는 아버지처럼 걷고 걸어서
잠결 저 너머에 오시는 것으로

화보 손자 태형이와의 산행

어제 혼자 간 심심한 산길
멀리서조차 산을 본 적 없었을 손자와 함께 오른다

①②③ 2016.02.07 태형이 산악계 입문
④⑤⑥ 2016.12.11 태형이 수리산

①②③ 2017.01.07 태형이 호암산
④⑤   2017.01.29 태형이 용마산

①②③ 2017.02.25 태형이 청계산
④⑤⑥⑦ 2017.03.25 태형이 수리산

①②③④⑤⑥ 2017.04.22 태형이 관악산

①②③　2017.05.03　태형이 백봉산
④⑤　　2017.07.15　태형이 모락산

① 2017.08.19 태형이 북악산
② 2017.10.21 태형이 수리산
③ 2018.02.15 태형이 인왕산
④⑤ 2018.03.17 태형이 구름산 가학산
　　　첫 종주산행

①

②

③

④

⑤

①②③④ 2018.04.15
　　　태형이 광교산 백운산 종주
⑤ 2018.09.22 태형이 불암산
⑥ 2018.11.17 태형이 북한산
⑦⑧ 2019.03.23
　　　태형이 너구리산

⑥

⑦

⑧

아이야
우리 숲처럼만 자라나자
산처럼만 커나가자

① 2019.11.03 태형이 파평산
② 2019.11.10 태형이 삼봉산
③ 2020.05.05 태형이 도봉산
④ 2021.07.05 태형이 별립산
⑤ 2021.10.12 태형이 박달산
⑥ 2022.08.04 태형이 길상산

4부
가벼워진 배낭 그 진실

가벼워진 배낭에
또 다른 의미 채워져
발걸음 가뿐해지고
마음 넉넉해진다는 진실

메뉴판이 환장하겠네

도봉산 아래 어느 실내포장마차
윗벽을 길게 가로지른 현수막에 적힌 메뉴

국장치부류 태기개탕탕 어탁국살살발이 침전전전전음음이

알 듯 말 듯
눈에 딱딱 밟히는

해된김순국 동조부알두 장홍술목삼족골 쭈해김감부제오새
            대   꾸물   육 징송
장   두수   부   겹 뱅미 치자처 어이
                  찌   무파   볶볶구
국장치부류 태기개탕탕 어탁국살살발이 침전전전전음음이

먹어본 듯 아닌 듯
입에는 착착 붙는

빗물받이로 중간 윗부분이 가려진
메뉴판이 환장하겠네

가로로 보이건 세로로 보이건
허기 채우기 급급한 산행 마무리 자리인 걸 뭐…

나이야 오라

넌 거북한 상대가 아니다
주저 말고 나이야 오라

근수로 다는 게 아니며
평수로 재는 게 아니다

네가 있어 꿈을 키웠고
너와 함께 길을 달렸다

널 두려워한 적 없었다
나이야 순리대로 오라

지난 어제를 돌아보느니
바로 내일을 바라보련다

불러들일 일이 아니어도
대문 닫을 일도 아닐 터

나잇값 치르면서 살련다
그냥 그대로 나이야 오라

그러니까 그게

자유 꿈꾸는 그대여
풀벌레쯤 거슬린다고 후리지 말고
풀숲으로 돌아가기를 기다려줘라

그러니까 그게

늙으신 어머니 샛길 담장에 무릎마디 기대듯
천방지축 어린아이에 순간순간 가슴 졸이듯

그러니까 그게

우리도 우주의 풀벌레쯤이었거나
대자연에 천덕꾸러기 아니겠나

그러니까 그게

자유 꿈꾸는 그대도
때때로 산 강 바다 무척 싸다녔더라
거치는 곳곳 무지무지 으스댔더라

그러니까 그게
그러니까 그게

* 후리다 : 휘둘러서 때리거나 치거나 하다

그렇게 전망대에 저 혼자서

산을 오르다 전망대 곁을 지나가는데
와
와

누굴까 왜 부를까 다가섰지만
와
와

경치에 반한듯한 누군가
와
와

그렇게 저 혼자서
와
와

그렇게 시작되었다

아 잠깐 가만 좀 있어 봐
아 왜 이래 알았어 알았다구

잠깐만 기다려줘
내가 잘 알아서 해볼게

그녀는 얼추
예측한 시간 거반 다 쓰고
후들후들 떠는 다리를 진정시키며
흥건해진 땀방울을 씻어냈다

함께하는 일행도
진땀 빼기는 매한가지였다

그러했던 그녀가
시간 그리 오래가지 않아
암벽등반 가자며 조르기 시작했다
등산 장비 챙겨놓고 보챘다

십 년 전부터 입때껏
더우나 추우나 산에 그녀가 있다

내 이름이 세 개

김 관 호
산주시호
어데가노

김관호는
부모님이 주신 그대로이지만

산주시호山酒詩浩는
산을 좋아하고 술을 좋아하며 시 쓰는 관호라며
그녀가 붙여준 첫 번째 이름이다

어데가노는
꽃 한 송이 사러 가도
술 한잔에 화장실을 가도
잠시도 떨어지기 싫다는 건지
툭 하면 어데가는데 또 어데가노

하긴 관호를 날려 부르면 가노라고 들리긴 하다
하여 그녀가 붙여준 두 번째에 더해 모두 세 개다

산주시호 이번 토요일 산행은 또 어데가노
이리저리 섞어 불러도 듣기 좋은 내 이름 세 개…

된더위 산행에 감로수

산행할 때면
꼭 챙겨와 먹는 간식 베지밀과 바나나
오늘 바나나는 완전히 농익었다

그늘 바위에 앉아
바나나 껍질 푹 까가 들고
베지밀에 빨대 꼬자 마시려는데

경상도 그녀 다급하게 소리친다
"고래가 떨어진다"

무슨 고래가…
이 깊은 산중에…

그렇게 들고 있다가는
바나나 떨어뜨리게 생겼다며
똑바로 들라 한다

한 번 웃으면 1km는 훅 가고 본다는데
이 또한 된더위 산행에 감로수지

단골쯤 되면 어떻게 음 이렇게

산악인들로 북적이는 산 아래 포차
사장님 화장실이 어디 있능교
이모 화장실 얼루 가요

바빠 죽겠는데 귀찮게 묻지 말고
지 알아 다녀와야 단골이제
어떻게 음 이렇게

주인 : 가시게
손님 : 아녀

주인 : 그럼
손님 : 장실

주인 : 열쇠 갖고 나가서 왼쪽으로…
손님 : 아러요

주인 : 아 단골…

가벼워진 배낭 그 진실

정상 등정 후 하산길에
번뜩 와 닿았네

배낭 속 비워내니
묵직해진다는 사실을

어려운 일 끝냈을 때
그랬었던 것처럼

가벼워진 배낭에
또 다른 의미 채워져

발걸음 가뿐해지고
마음 넉넉해진다는 진실

커피믹스 김밥 한 줄에 산으로 가자

햇살 익어가는
그늘이 있고

새소리 춤추는
능선이 있고

브라질과 케냐가 어울린
커피믹스 한 잔에
마음 달래고

오대양 육대주를 아우른
참치김밥 한 줄로
허기 채우고

한가로이 느릿한 발걸음
무거웠던 기억들 벗어두면

내일은 자신감이 넘쳐날 테지
어제의 근심은 제 길 찾을 테지

가자미 물회

땀방울로 산행 끝내놓고
무더위 무색하게 할 겸
가자미 물회 주문했다

해삼이 어딨는 거야
가자미는 안 보이고
양파만 잔뜩 있네

섣불리 뒤적이다가
그릇째 엎어져서
물회 쏟고 나면

배낭 짊어지고
멍게 꺼내올래
해삼 썰어올래

잠수복 껴입고
깻잎 뜯어올래
양파 썰어올래

녹음 진 산 밑에
성난 파도 몰아칠라
갈매기 떼로 달려들라

하산주 한 잔에 가락을 타며

술잔을 든다는 행위가 즐거운 일 아닌가
음식을 먹는 매 순간이 행복하지 않던가

숟가락 장단마다
젓가락 장단마다
온몸이 가락을 타고
가락 가락엔 흥겨움이 돋아

삶에 대한 열정이
내일을 향한 희망이
끊임없이 리듬을 부른다

오감 만족에 표정이 살아나고
숟가락 젓가락 장단에 어깨춤사위

둘이 먹어도 좋고
셋이 먹어도 좋고
여럿이 먹으면 더 좋다

하산주 한 잔을 나누면
우리 모두 신명 난 가락을 더한다

오늘만 같다면…

예전과 달리
어제와 달리

오늘은
오늘과
오늘이
오늘의
오늘을
오늘로
오늘에 죄다 녹아들었으니
오늘도 신명 난 춤판이나 벌여볼까

틈틈이 간직한 다짐
날마다 오늘만 같다면…

하늘아 바람아

저 하늘 구름이 아픔이 있을까
저 하늘 태양이 아픔이 있을까

하늘아 바람아
나는 참 많이도 아프다

뜬구름 잡는 꿈을 꾸다 좌절도 했다
고독한 달빛 좇고 좇다 울기도 했다

이별이 궤적을 그리며 오지 않는다는 걸
아픔은 약봉지 들고 찾지 않는다는 걸

떠도는 햇수만큼
나는 참 많이도 아프다

그 날짜는 덧없이 돌아오고
다시 또 모른 척 떠나가지만

저 하늘 별빛은 아픔을 모를까
저 하늘 달빛은 아픔을 모를까

하늘아 바람아
나는 참 많이도 아프다

선글라스

세상은 그런대로 투명하고 밝았는데
나 홀로 따갑게 질리는 곳이라고

뿔테에 까만 선글라스
노여움인 양 걸쳐 쓴 채

애먼 너를 앞세워
그렇게 지내왔구나

지나치게 화려한 것도 볼 필요 없다
지나치게 밝은 곳도 갈 필요 없다

나의 가식적인 눈금 위에
너의 솔직한 잣대를 덧대

때론 위로하고
때론 질책했지만

언제라도 난 다시금
너를 빌려 나의 눈을 가둘지는 모를 일

5부
꽃향기는 잠시 잊어도 좋다

가끔은
건조한 생각의 등을
속 편히 긁어주는 비의 향기에 끌려
습기 찬 빗소리를 좇아
나를 적신다

봄, 그리하여 희망이다

엄마를 찾으려는데
아가 하면서 먼저 다가오는
다정한 목소리처럼

때맞춰 찾아와주는
봄, 그리하여 희망이다

봄눈 새순

동장군을 이겨낸
보드란 새순
곱다
참 곱다

금수강산 채색할
파르란 봄눈
맑다
참 맑다

봄 오는 들녘

봄이 오시는가
괭이질
쟁기질
황토색 너른 들녘엔

물오르기 시작하는 초록 새순
이른 봄 혼자서 꽃피워야 하는 개나리 마냥
봄바람 꽃바람이 분다

너른 들녘 예제에서
얼었던 지구 살갗은 풀어지고…

진달래

임 찾는 먼 산에
연분홍 진달래

새들 입맞춤에
붉어지는 볼

수줍은 산골 처녀
콩콩 뛰는 가슴에서
더욱 빨개라

임 만난 오솔길
분홍빛 향기

햇살 손끝에서
타오르는 꿈

해맑은 도시 처녀
종종거리는 걸음에서
더욱 빨라라

꽃길

꽃길 걸으면 걸어가 보면
슬픔은 잠시 묻힌다

대차게 재촉하는
바람 먼저 보내고

땅과 하늘이 주고받는
계획을 엿듣는다

예쁜 꽃망울들이
툭툭 터져 나오면

나비가 나를 밀치고
먼저 가 앉는다

글쎄 그것이

꽃향기 맡아 볼 마음에
꽃에 가까이 코끝 박으면

꽃이 많이 좋아할지
심하게 싫어할지

그것이 글쎄
글쎄 그게

꽃향기는 잠시 잊어도 좋다

오늘 오후에
비가 온다는 일기예보다

가끔은
건조한 생각의 등을
속 편히 긁어주는 비의 향기에 끌려
습기 찬 빗소리를 좇아
나를 적신다

당분간은 비가 없을 거라는
기상청의 예보다

호박꽃

산밑 작은 땅에
선심 쓰듯
심어진 채

넓적한 이파리에 숨겨진
부은 듯 복스러운 모습

화려함 뽐낸 정원에서
외면한 듯 무심한 듯

달빛 받아
어둠 밝히려는
속 넓은 노란 호박꽃

촌부의 마음을 읽었는가
무럭무럭 크는 넝쿨

이 밤
서러워 마라

밤송이

휘어질듯 부러질 듯
대롱대롱 매달려

찌른다 찔린다
두려움 숨긴 속내

가시옷 허세 앞에
하얀 순수함

세상 탓 부질없어
익힌 위장술

침놓는 날카로움
누가 탓하랴

강인함을 빙자한
여린 마음을……

낙엽 그림자

잡고 싶지만 잡고 싶지만
그럴 힘마저 놓아버린
저 나무 깊은 속앓이

남고 싶지만 남고 싶지만
그럴 시간마저 빼앗겨버린
저 이파리 붉은 눈시울

중뿔난* 바람 앞에
넋 놓고 바라보는 나무 나무들
뒹구는 낙엽의 그림자

* 중뿔난 : 유별나거나 엉뚱한

가을 앓이

봄날부터 은밀히 계획돼
여름내 속살로 달궈낸
이 가을에 분노하는 함성

백두에서 조용히 시작하여
소리 없이 이어진 음모는
한라에 와서 화해로 끝난다

새롭게 탄생시키려는
고요한 산하의 산통産痛은
가슴부터 뜨거워지는가

마그마가 된 언어들을
잘디잘게 부수어
잔잔히 포효하는 산맥

나무들이여 일어나라
다가올 계절 푸른 꿈을 위해
몸살이라도 앓아야 하지 않겠나

이 가을엔

소리 없는 깊은 눈길로
숨결을 나누듯

그리움 실린 갈바람에
파랑 접문接吻*을 하자

조잘조잘 미주알고주알
잎새에 옮긴 속내

외로움의 커튼을 걷어
빨강 접문接吻을 하자

높은 하늘에 자랑삼아
대지 물들이고픈

만산홍엽 이 가을엔
노랑 접문接吻을 하자

* 접문(接吻) : KISS, 입맞춤

비에 젖은 낙엽

핏빛으로 흐르는 강
불타는 산은 왜 뛰느냐 묻지 않고
덩달아 뛰었다

거칠게 불어넣는 입김에 타오르는 숯불처럼
쓰러져서도 웃을 불꽃 속살에 불 지피고
만산홍엽에 성홍열을 심하게도 앓았다

가을비 내리기도 전에 가지를 떠나
잎맥마저 말라버리는 통증에
산허리를 할퀴던 낙엽

때늦은 가을비는 내리고
쥐었던 손을 맥없이 풀어놓은 채
달빛 아래 어둠에 떨고 있다

6부
산신령 거 좋다

산 다닌 지 십 년, 산에서 십 년
산에 십 년, 산 십 년
산 십년, 산신령
산신령 그거 좋다

단, 몇 미터 직진도 없다

삶의 직진을 꿈꿨다면 꿈 깨라
종로를 걷든 을지로를 걷든
직진이 가능했던가
이리 걸리고 저리 채이고
사람의 숲을 헤쳐나가는 게 녹록지 않다

하나
숲에 들어서조차
직진을 꿈꾸는 자 그 누구인가
구불구불한 오르막을 헤쳐가면서
그래 이게 내 인생 직진이라 하지 않던가

비키세요 비켜요
제발 비켜달라 신경을 세우지만
어찌 내 뜻을 읽어줄 텐가
구불구불한 산길
구불구불한 삶길

또 하나의 산행

울퉁불퉁 산길처럼
뒤뚱거리는 의자
도봉산 초입 포장마차

숲 향기에 물든 얼굴들이
숱하게 산 등 찍은 지팡이 내려놓고
오늘을 추억하는 자리

걸쭉한 막걸리 한 사발에
녹아든 또 다른 산행은
시간 속을 어정어정하고

피로와 아쉬움이 잠기는 정에
석양에 흠뻑 취해 다시금
갈 짓자 찍는 지팡이

또 다른 노숙자

숲에 비 내린다

잠시 주저할 새 없이
바쁘게 돌아가는 도시에 뼈를 묻어야하는가
매연 가득한 잿빛 거리에 마음 둬야하는가
장맛비에 젖은 한탄의 시간
숲에 대한 흠모는 언제까지 이어질지
끝내 접지 못할 꿈이었을까

숲에 바람 분다

온몸을 다해 수천수만 잎을 흔들며
행여 돌아오란 기다린 소식 전해져올까
잉잉대는 전선 줄에서 귀를 떼지 못하는 것이다
고향길에서 조용히 불어오는
바람의 향기에 코를 벌름대는 것이다
먼 산 가을 단풍 소식에
바람의 가슴께에 매달려 흐느끼는 것이다

숲에 눈 온다

코앞이 백 년 거리쯤 될
이웃한 가로수들 속살까지 다 벗어
아문 듯 보란 듯 눈꽃 피우고
세월의 무게를 벗어내고 있는 것을
목 길게 빼고 까치발을 든 채
봄을 향한 비장함으로 버텨서는 것이다

숲에 봄 온다

한 줌 햇살 녹아내리면
허공을 받쳐 들고 새들 노래 청해 듣는 것이다
소풍 길 아이 보며 발길을 아쉬워하는 것이다
전지剪枝 당한 상처 위에 희망을 꽃피우는 것이다
늘어나는 나이테의 아픔마저 잠시 미뤄두고
늘 그렇듯 또 한해를 걱정하는 것이다

숲이 어둠에 젖어 든다

잠투정 이파리들 어르고 달래며
언젠가 숲으로 돌아갈지도 모른다는 희망에
가로등 불빛 아래 주문을 거는 것이다
신작로 저 멀리 숲길 그리워
서산에 해 걸어놓고 길을 묻는 것이다
밤마다 행여나 숲의 소식을 달빛에 묻는 것이다
별자리 짚어가며 이슬눈물 짓는 것이다

도시가 뿌옇다

오늘도 가로수 가지 끝에 걸린 희망을 본다
답답했을 도시가 푸르게 숨 쉰다는 것과
딱딱했을 거리가 살랑거린다는 것이
애초부터 나무들의 몫인가
인간의 몫인가 잠시 헷갈려도
거리마다 가득히 사랑이 피어올라
시련 이겨낸 꿈이 이뤄지길 비는 것이다

어쩔 수 없는 그들

산으로 올라가 숲길을 걸어라
일상의 고된 삶터에서
외로운 영혼들아

일상을 내물리고
김밥 한 줄 똑같은 등짐에
다르지 않은 사람들이

계곡물에 엎드려 두 손 빌고
가쁜 숨 몰아쉬며 산꼭대기를 향해
저리도 조아리는 것을

내 어찌 알며 지 어찌 알까
고관대작高官大爵인지
미관말직微官末職인지

그러하니 그러겠더라

강한 산바람을 버텨내지 못하고
바람의 방향 따라 휘어진 나무들

바람에 본모습을 잃어버린 나무들이
한사코 제모습이라 우겨대는 숲

바람에 맞서는
바위는 멋들어지고

바람을 맞는
나무는 딱하건만

가까이서 바라본
나무 유연함에

견뎌내어 바위라면
적응하여 나무겠다

산 위에 올라

내가
높은 곳에 올라
낮은 곳을 보지 않을 거란
우려는 걷어내라

나는
산 위에 올라
하늘 우러러 잠시 고한 뒤
이내 하산하리니

낙석 落石

삶은
늘 그러하듯이

산행에서
간혹 겪게 되는 일이다

오르는 것 보다
제자리를 지키는 일이 얼마나 중요한가

자연에서
불현듯이 깨닫는 경우다

살며
늘 놓치고 마는…

산, 감사할 뿐

산,

계절이 깊어 갈수록
그리움도 커가는데

땅긴다고 오겠나
떠민다고 가겠나

항상 그 자리여서
더욱더욱 감사할 뿐

뛰어봐야 벼룩이지

저기
저 멀리
저 산 아래

무에 그리 바쁜지
서두르는 사람들 실루엣

이 순간 산행하는 나하고는
전혀 상관없다는 생각에 머물 때

내가 그 틈에 끼어있었다는 것 자체를
아예 까맣게 잊게 해주는 여긴 깊은 산 속

굴러가는 것들 바쁘게 기어가는 것들
전부가 다 내 걸음 한 폭 안이다

그렇게 유난스레 우왕좌왕한들
내 팔이 그린 반원 안이다

참으로 열심히나
뛰어 본들
벼룩…

천둥소리

꾸짖지 말라 꾸짖지 마라
큰소리로 야단치지 마라

햇살처럼 차분히 짚어주면
저리도 해맑은 것을

구름처럼 소상히 일러주면
이리도 다소곳한 것을

하늘 한번 참 맑다
오늘 날씨 참 좋다

폭우 속 산행

몹시 격하다
위로할 방법이 없다

정말 서럽게 운다
이유조차 물어볼 수가 없다

사랑한 사람 먼저 떠나보낸 뒤
몸서리치게 운 일이 있다

기억의 퍼즐이 맞춰지지 않아
서럽게 운 기억이 있다

오늘따라
하늘이 격하게 운다

산신령 거 좋다

언제부터인가 춘하추동 그 언제건 날씨야 뭐 어쨌건
매주 토요일에 산정상 인증사진 기록을 남겼다

힘들단 생각 단 한 차례도 해본 적 없이
매주 연속산행 십 주년을 맞이했다

스스로 대견하다는 생각이
혀끝에 착 엉겨 붙는다

산 다닌 지 십 년
산에서 십 년

산에 십 년
산 십 년

산 십년
산신령

산신령
그거 좋다

비에 젖는 수락산

궁금증 한 자락 쥐고
비에 젖는 수락산
숲문을 연다

몰라보게 짙어진
빗물 빨아먹은 이파리
정겨운 몸짓

힘을 얻은 계곡물소리
몸피 키우는 나무들
웃음 속에서

얼러치는* 빗물에
허허롭게* 서 있던 나도
흠뻑 젖었다

* 얼러치다 : 둘 이상의 것을 한꺼번에 때리다
* 허허롭다 : 텅 비어 매우 허전한데가 있다

다시 태어난 고목

꽁꽁 얼어버린 불암산 자락
허연 등산길 낡은 국밥집
식탁으로 거듭난 나이테

차마 숨기고픈
아득히 멀어진
세월 쫓던 기억

부질없는 시간일까
소용없는 시절일까
공손히 받든 뚝배기

숲속 그림자 앉혀놓고
사부작사부작 속닥이는
산길 내달리던 먼 이야기…

차창에 부서지는 빗방울

또르르 말려 덱데굴 구르다
서럽게 매달리는 빗방울

은하수로 내렸다가
잔별이었다가
안개처럼 걷혀가는
초대받지 못한 여운

기억 하나 제대로 만들지 못한 채
서둘러 접어야 했던 어느 심상

구름의 속셈
하늘의 속내
앞서 알면 좋으련만

빗물이랑 와이퍼의
아, 길고도 지루한 명암

7부
산이 손짓하는데…

산 하나를 올라가니
산 하나가 손짓하니
또 가고 싶어지지
더 가고 싶어지지

산과 산이 이어져 웃는다

서로 떨어져
애타게 손짓하는 그리움이여
맞닿지 못한 절절함이여

애타는 속내
그 절절함을 읽어내는 발자국이
그 그리움을 전해주는 발걸음이

먼젓번처럼 산행 내내
또 다른 산을 가슴에 담는다

버선발로 맞아주시는 외할머니의 품으로
쏙 안기던 그 시절 환한 미소처럼

외할머니의 너른 품속인 양 안기면
산과 산이 뜨겁게 나를 반긴다
산과 산이 이어져 웃는다

북한산 인수봉에서 경치를 보다

- 환갑 지나 오른 인수봉

인수봉 등정은
어제와 같은 산행이었으나
어제와는 크게 달랐다

우러러보기만 하다 졸인 가슴
길의 끝만 생각하면서 무작정 오르진 않았으나
용기 내어 인수봉의 어깨를 두드렸다

자일 끝에서도 마음은 꼭대기에 가 있어
희망에서 멀리 두지 않았기에 오를 수 있었고
끝내 올랐기에 가슴에 품었다

느린 시간이 땀방울로 쌓이고
성큼 다가온 가을색 짙은 하늘 아래로
치열한 일상이 내 발아래 매달렸다

규칙과 질서가 엄하게 살아있음에도
너나없이 악착같이 오르려는 이유를 알 것 같다
역시 정상의 품격은 탁 트인 조망에 있다

황홀경으로 펼쳐진 주위 풍경들
차분히 낮춰 겹겹이 엎드린 자태에
나는 잠시나마 미소를 지키려 곧게 섰다

높이 오를수록 더 깊이 들어간다는 걸 알았기에
깊이 들어갈수록 더 높이 올라간다는 걸 알았기에
인수봉 웅장함은 깊숙이 자리했는가

눈이 부시게 쏟아져 내리는 태양 빛이
무대조명처럼 내게로 향하는 순간
난 잠시나마 주인공을 꿈꿨다

가식 없이 부러워했기에 오를 수 있었듯
부러움의 끝은 시작이라 말할 수 있다
부러움의 끝은 완성이라 말할 수 있다

매운맛의 대명사 겨자의 색깔을 지닌 바위
매운맛을 안겨준 인수는 나를 다시 만들어냈다
한결 높아질 나의 꿈을 일깨웠다

지리산 무동을 타다

구름이 바람 저어 산무동 스치면
바람은 구름 재롱에 산바람

천왕봉을 빙 둘러 먼 산맥까지
겹겹이 결을 이룬 경이로움

해발 1915m
남한 내륙에서 가장 높은 산
국내 제1호 국립공원

하늘 찌를 듯 의연한 지리산 천왕봉
오름길은 그리 가볍지 않았으나
산정은 푸근하고 근엄했다

오랫동안 높은 자리를 지켜온 사람은
굳이 큰소리 내지 않는 이유를 알 것 같다
집안 어르신을 봐도 그렇다

어린 시절 아버지가 무동 태우면 온통 발아래라
높은 키에 우쭐대며 에헴 하던 기억이 있다

높게 있어도 큰소리칠 필요는 없었다
그저 표정만으로 의기양양했을 뿐

불현듯 아버지가 그리워
멋쩍게 에헴 해본다

여행 산행 맛 기행

전국의 크고 작은 산
500곳 넘게 다니다 보니
점점 더 멀리 산행을 하면서
당연히 여행을 겸하게 되었고
산행 후 출출함을 달래주는 데는
그곳 특산물보다 좋은 게 어디 있나
자연스레 맛 기행이 따라붙는다

밟는 것과
눈에 담는 것과
입에 넣는 것이라도
한 번으론 부족하겠지만

또 떠나야 할 산행이기에
그 정도로 딱 제격이더라
그 정도가 딱 만족이더라

산이 주는 그것 하나면…

내가 산을 올라야 하는 이유는
여러 가지 있을 수 있지만

아스라이 높게만 날던 산새가
내 발아래 나뭇가지에 앉아 있다

그 아이는 빠르게 치고 나아가지도 못하면서
고개 숙인 채 연신 땅바닥만 차대는 뜀박질로
바로 코앞 가깝게 보이는 짧은 거리마저도
턱까지 숨이 차올라 몹시 힘들어하는 걸
마트 가는 길에 우연히 본 일이 있다

그런 느린 걸음이어도
그렇게 차오르는 숨이어도

산이 품어주는 호쾌함 하나면
숲이 내어주는 신선함 그것 하나면……

산이 손짓하는데…

걸음마 배우려 듯이
산을 처음 올랐다가

뭉친 근육 풀겠다고
산을 다시 올랐다가

한 번만 더 가보자
한 번을 더 가보자

안 보면 병이 들 것 같은 사람 찾으러 가는 것처럼
또 보면 병이 날 것 같은 사람 만나러 가는 것처럼

산 하나를 올라가니
산 하나가 손짓하니

또 가고 싶어지지
더 가고 싶어지지

산이 언제 그대를 속이던가

다 왔는가 싶으면 봉우리 하나
이젠 끝이겠지 하면 봉우리 하나

산은 속인 적 없지만
스스로 속는 산행길처럼

저기가 정상이겠지
속아도 속아도 이러면서 올라가는

정말 이제는 다 왔겠지
속고도 속고도 그러면서 올라가는

이러 그러 이러 그러하다 보니
다시금 산길을 걷고 있는 나

손을 잡는 건 마음을 잇는다는 것

높은 산 위에 올라
멀리 산그리메 바라보니
산 산은 결코 손을 놓지 않았구나

신록으로 일렁일 때도
단풍으로 찰랑댈 때도

해와 달처럼
멀리 있는 듯 보여도
별보다 더 촘촘하게 손을 잡았다

향기로운 꽃잎을 피워 놓은 듯
나지막한 돌탑을 이어 놓은 듯

멀게만 느껴졌을
벽 하나를 허물어낸 듯
서로에게 기꺼이 두 손을 내밀었다

천년만년 그럴 수도 있었구나
사랑으로 저럴 수가 있었구나

산이 괜히 솟았겠는가

무거운 바위 하나 떠받치자고
산이 괜히 솟았겠는가

등산객들 땀방울 받아내겠다고
산이 괜히 솟았겠는가

나름 발버둥 치며 열심히 해도
격차를 부정할 수 없는 미물이

나름 몸부림치며 정성을 쏟아도
되는 게 없다며 투정하는 내게

속 좁은 미물 앞에 의연히 서서
산이 괜히 솟았겠는가

넓은 세상 보란 듯이 우뚝 서서
산이 괜히 솟았겠는가

계절은 바느질 자국처럼 맞물리며 온다

넙죽 갈아탄 봄 산행
양지엔 새순 돋고
음지엔 눈꽃 피던
이어진 바느질 자국

잘 되는 시간과
실수하던 일들이
엇물리고 맞물리던
계절의 계주

겨울이 봄을 품었듯이
봄은 다시 여름을 품으니
가을도 겨울을 품었으리라
난 이제 어떤 꿈을 품을까

여름 해변 명암의 긴 그림자
가을들녘 풍요 속 허기짐
겨울 눈밭 굴곡진 빛살
봄날 희망 속 박탈감

저마다의 봄을 피워 놓고
안타까운 겨울을 남겨둔 채
얼어붙은 바늘 끝을 기점으로
끝내 오시려는가 가시려는가

계절은 또 그렇게
올무 손가락 물집을 터뜨리며
바느질 자국으로 아프게 왔다
무한대 기호처럼 맞물리며 왔다

훗날 훗날 아주 먼 훗날에

언덕을 산이라 말을 해도
믿을 사람 없겠는데

산을 언덕이라 생각하여
오르지는 않겠는데

언덕을 산이라 막무가내 우겨도
그러겠거니 맞장구치는 나이가 되어
뒷동산 구불길 그 어디쯤 걸터앉아 하늘 보면
흘깃 저 구름이 나를 비껴가고

가히 억지스럽지 않다면
삐쭉삐쭉 생긴 저 높은 것들에게서
쉬이 노여워지지만 않게 된다면
예까지 여기까지만 와 봐 어서 와 손짓하는데

산을 언덕이라 생각하여
오르지는 않겠는데

언덕을 산이라 말을 해도
믿을 사람 있겠는데…

국제PEN한국본부
창립70주년기념 시인선 13

산이 없다면 지구 홀로
자전할 수 있었을까

저자 **김관호**

기획·제작 **국제PEN한국본부** pen | 이사장 **김용재**
International PEN-Korea Center

발행일 2023년 8월 15일
발행처 기획출판오름 Orum Edition
발행인 김태웅
등록번호 동구 제 364-1999-000006호
등록일자 1999년 2월 25일
주소 대전광역시 동구 대전로 815번길 125
전화 042-637-1486
팩스 042-637-1288
e-mail orumplus@hanmail.net

ISBN _ 979-11-89486-85-3

값 12,000원

· 본 책 내용의 전부 또는 일부를 재사용하려면 반드시 저자의 동의를 얻어야 합니다.